4-ГОДИННИЙ РОБОЧИЙ ТИЖДЕНЬ

Аналіз та підсумки за мотивами книги Timothy Ferris

4-ГОДИННИЙ РОБОЧИЙ ТИЖДЕНЬ

Аналіз та підсумки за мотивами книги Timothy Ferris

написаний Anastasia Samygin-Cherkaoui
перекладено Yaroslav Melnik

4-ГОДИННИЙ РОБОЧИЙ ТИЖДЕНЬ

ВСЕ ЗА 4 ГОДИНИ!

У своєму бестселері Тімоті Ферріс ділиться особистим досвідом, пропонуючи, що не дивно з огляду на назву книги, критику цінності праці, коли робота ототожнюється з болем, стресом, відчуженням тощо. У цьому плані його бачення наближається до бачення Поля Лафарга (французький соціалістичний політик і письменник, 1842-1911): прогрес – технічний у Лафарга і технологічний у Ферріса – подається позитивно, оскільки використовується як інструмент визволення: визволення робітників у Лафарга, особистого визволення у Ферріса.

При цьому паралель з Полем Лафаргом та його «*Правом бути лінивим*» (1880) тут обривається, оскільки, на відміну від зятя Карла Маркса, Тімоті Ферріс не є ідеологом. Він не дає жодної економічної чи соціальної критики. Якщо вже на те пішло, він практично не пропонує ніякої критики взагалі. Ферріс просто ділиться своїм досвідом і пояснює, як його метод, який для нього був запорукою успіху, може бути поширений і прийнятий – повністю або частково – іншими, щоб полегшити життя, зберігши або навіть збільшивши свої фінансові ресурси.

КЛЮЧОВА ІНФОРМАЦІЯ

Посилання: Ферріс, Т. (2007) *"4-годинний робочий тиждень. Втеча від 9-5, життя будь-де та приєднання до нових багатіїв.* США: Crown Publishing.

Перше видання: 2007 рік

Автор: Тімоті Ферріс (американський письменник, підприємець, інвестор та оратор, народився у м. Іст-Гемптон, штат Нью-Йорк, США у 1977 році).

Контекст: Нові інформаційно-комунікаційні технології, підприємництво, розвиток особистості.

Ключові слова:

- <u>Особистісний розвиток</u> – практика, що зародилася в античній філософії та гуманістичній психології і спрямована, як випливає з назви, на самореалізацію;

- <u>Інформаційно-комунікаційні технології (ІКТ)</u>: у найзагальнішому визначенні – це комп'ютерне та технічне обладнання для передачі інформації та дистанційного спілкування. У більш широкому розумінні – це не лише використання цих технічних засобів, але й їх практичний розвиток (включаючи соціальні мережі та програми для спілкування в режимі реального часу);

- <u>Оптимізація</u>: як отримати більше (грошей, задоволення, задоволення тощо) з меншими витратами (ресурсів). Саме таке значення надає Тім Феррісс принципу Парето, який стверджує, що 80% наслідків (або задоволення) походить від 20% причин (або ресурсів).

- <u>Аутсорсинг</u>: передача всієї або частини своєї роботи зовнішньому партнеру. У випадку Тіма Феррісса аутсорсинг може бути навіть віртуальним, оскільки він не має прямого контакту зі своїми «помічниками».

- <u>Аутсорсинг</u>: передача всієї або частини своєї роботи зовнішньому партнеру. У випадку Тіма Феррісса аутсорсинг може бути навіть віртуальним, оскільки він не має прямого контакту зі своїми «помічниками».

КОНТЕКСТ

АВТОР

Тімоті Феррісс народився 20° липня 1977 року. Виріс в Іст-Гемптоні, штат Нью-Йорк. Деякий час вивчав неврологію, але врешті-решт вивчав східні цивілізації в Прінстонському університеті і отримав диплом спеціаліста зі східноазійських студій.

Потім він почав працювати в компанії, що займається зберіганням даних. Швидко розчарувавшись у своїй роботі, він створив власну компанію Brain Quicken, яка займається онлайн-продажем харчових добавок, призначених для підвищення працездатності мозку. Саме в цей час він почав приймати стероїди та тестостерон (під наглядом лікарів).

Після цього займався підприємницькою діяльністю як підприємець та інвестор, переважно у стартапи. На основі власного досвіду розробив підхід до самореалізації та здійснення діяльності та досягнення цілей шляхом використання аутсорсингу та делегування. Це знову ж таки призвело до розвитку освітньої складової в його діяльності, з проведенням навчальних курсів, розповсюдженням телевізійного шоу та випуском онлайн відео, все це доступно через його блог.

Слід також відзначити його захоплення рекордами та спортом: йому належить світовий рекорд з найбільшої кількості обертів танго, виконаних менш ніж за хвилину, а в 1999 році він виграв золоту медаль з саньда (китайське бойове мистецтво). Його перемога, хоча формально і не була оскаржена, тим не менш, стала предметом суперечок, оскільки автор зізнався, що сильно зневоднив себе перед зважуванням, щоб змагатися в нижчій ваговій категорії. Крім того, він використовував нюанс у правилах, який призвів до того, що він виграв усі свої бої нокаутом. Його методика: замість перемоги, здобутої самим фактом спортивного результату, він робив так, щоб його суперники були вибиті із зони бою і таким чином ліквідовані. За його словами, така практика сьогодні є звичним явищем.

КОНТЕКСТ І КОНЦЕПЦІЯ

Будучи результатом тенденції, пов'язаної з новими технологіями, підприємництвом та самореалізацією, Тімоті Феррісс сам по собі представляє багато напрямків розвитку особистості, як це розуміється з 1970-х років.

Особистісний розвиток є результатом руху за звільнення в 1960-х і 1970-х роках від професійних, сімейних або релігійних структур, які панували до цього часу. Для людини це означає утвердження себе як лідера власного життя, самоствердження та емансипаційну волю. Тоді з'явився рух хіпі і захоплення «альтернативними» духовностями (східними, індіанськими, індіанськими), а також більш теоретичні течії. Звідти прийшла школа Пало-Альто, чиї теорії зосереджувалися на комунікації та відносинах між людиною та її оточенням, а також такі розробки, як НЛП (нейролінгвістичне програмування), яке додатково включає вимір змін та особистісного розвитку.

ПІДСУМКИ 4-ГОДИННОГО РОБОЧОГО ТИЖНЯ

РЕЗЮМЕ

На основі власного досвіду Тім Феррісс розробляє комплекс рекомендацій (ми поки що не можемо назвати їх теоріями) щодо покращення професійної діяльності. Загалом, це вдосконалення складається з трьох етапів.

Ліквідація

Перший крок — взагалі прибрати з порядку денного завдання, які забирають багато часу і нічого (або майже нічого) не дають. Серед завдань, які потрібно усунути: більшість нарад. На думку Феррісса, нарада повинна мати час початку, час закінчення і конкретну мету (вона повинна привести до прийняття рішення). При великій кількості марних в його очах нарад він виходить з них, посилаючись на те, що у нього є важливе завдання або термінова робота, яку потрібно закінчити, і обирає представника, який буде присутній на нараді замість нього і доповідатиме про її зміст.

Він також рекомендує усунути різноманітну інформацію. Відключитися не тільки від своєї електронної пошти, а й різних новинних сайтів, перегляду новин по телевізору, прослуховування їх по радіо тощо. Для нього це взагалі ніщо інше, як даремно витрачений час. Іншим же можна без проблем доручити узагальнити цю інформацію за лічені секунди, у відповідь на запитання: «Що нового у світі?»: «Що нового у світі?». Для автора все, що не пов'язано з паралельною діяльністю, є марним. Перехід до головного означає відсіювання зайвого. Це те, що він називає «вибірковим невіглаством».

 # ВИБІРКОВЕ НЕВІГЛАСТВО

Автор не закликає нас втратити інтерес до всього і перестати бути поінформованими. В рамках «робочої» діяльності, метою якої є обмеження стресу і максимізація прибутку, він просто радить підвести риску під тим, що вам заважає або марнує час, одним словом, під усім, що заважає перейти до суті справи. І згодом ніщо не заважає нам перейняти цю практику для проведення дозвілля (почитати книгу замість журналу або подивитися художній фільм замість того, щоб годинами бездумно витріщатися в телевізор, наприклад).

Він також усуває відволікаючі фактори: вторгнення, запитання тощо. Але знайте, що замість того, щоб не відповідати або постійно говорити, що він недоступний, він просив своїх співрозмовників поквапитися. «Говоріть коротко, я зайнятий» стало його гаслом, що змушувало їх переходити до суті і, відповідно, запитувати лише те, що вони не змогли вирішити в інший спосіб.

Він має намір і надалі знеохочувати тих, хто стоїть на його шляху, по черзі дістаючи їх. Він пояснює, що коли під час навчання його роботу оцінювали не так високо, як він розраховував, то він починав діяти: знаходив асистента, який відповідав за його оцінку, і засипав його запитаннями так довго, як тільки міг. Мета: наступного разу вони двічі подумають, перш ніж бути суворими (або навіть прагнутимуть бути щедрими). Однак, прочитавши книгу, можна поставити під сумнів доречність чи ефективність такої стратегії, у випадку, якщо людина реагує або протидією надзвичайно короткому часу реакції («Будь лаконічним, я зайнятий»), або ще більшим навантаженням у відповідь, ініціюючи замкнене коло.

Автоматизація

Друга рекомендація Тіма Феррісса – це впорядкування або автоматизація: групувати замовлення, робити роботу один раз, читати електронну пошту лише один-два рази на день, потім на тиждень тощо. Більше того, він навіть радить відкладати відправлення електронних листів, щоб не отримувати нових запитів або відповідей, що супроводжуються серією запитань, до наступного дня! Те ж саме він закликає робити і з телефонними дзвінками: не відповідати і приймати їх до відома лише один-два рази на день. Ще одна порада, яка є важливою: покупки в інтернеті та платежі будуть здійснюватися раз на тиждень або рідше.

 # КОНКРЕТНИЙ ПРИКЛАД РАЦІОНАЛІЗАЦІЇ

У мене є ідея щодо запуску продукту або послуги. Для її реалізації мені потрібно 50 000 фунтів стерлінгів. Щоб запустити її, я можу звернутися до 5 000 – 50 000 людей з проханням дати мені від 1 до 10 фунтів стерлінгів. Це реально, але це займе у мене вічність.

Я також можу представити свій продукт (або послугу) у вигідному світлі і звернутися безпосередньо до тих, кого він може стосуватися, з проханням про краудфандинг з мінімальним початковим внеском у розмірі 100 фунтів стерлінгів. Мені потрібно буде охопити не більше 500 осіб, які складуть мою першу «книгу замовлень» і які, на мою думку, також у цільовому колі будуть просувати мій продукт, за умови, що вони, як початковий інвестор, будуть зацікавлені в тому, щоб він працював.

Визволення

Автор значною мірою покладається на аутсорсинг, в основному щодо «важких» видів діяльності або тих, для яких він не володіє всіма необхідними навичками. Хтось інший зробить це краще і коштуватиме дешевше, що залишає йому вільний час для того, що він вміє робити краще і що має для нього більшу цінність.

Тут Тім Феррісс використовує команду помічників, всі вони віртуальні. Вони працюють на визнаних платформах, що дозволяє уникнути проблем, пов'язаних з тимчасовою непрацездатністю асистента або конфіденційністю переданих даних.

Ці великі платформи мають не тільки більше ресурсів (технологічних і людських), але й пропонують суворі контракти, потенційно більш надійні та обмежувальні (для підрядника), ніж «новачки» або ті, хто менш визнаний. На думку Феррісса, слід доручати невелику кількість завдань одночасно (одне-два), які мають бути виконані протягом короткого часу (24-48 годин), і вимагати регулярних проміжних звітів (наприкінці дня або наприкінці ранку, наприклад), а також деталізації виконаних підзавдань.

При цьому аутсорсинг і делегування не обов'язково повинні бути віртуальними. Керівник може організувати свою роботу настільки добре, що за допомогою операційних правил співробітники (або зовнішні постачальники послуг) можуть вирішувати більшість проблем. Таким чином, можна обмежити свою присутність в офісі та керувати компанією дистанційно, оскільки більша частина діяльності визначається процесами, а не керівником.

 # «Муза» Ферріса.

Ці три принципи народжуються з поняття "муза". Це слово, що походить з грецької міфології, визначає художню діяльність, або (і найчастіше), втілення натхнення. У Феррісса муза, по суті нематеріальна, — це ідея, яка, будучи пере= твореною на бізнес, буде пасивно приносити дохід. У певному сенсі, це кульмінація його методу.

Вибір сектору

Після засвоєння цих принципів, щодо розвитку «нових» видів діяльності, Феррісс наголошує на досконалому знанні сектору та цільової аудиторії. Так, під час навчання в університеті він мав великий успіх, орієнтуючись на студентів і розкриваючи метод підвищення швидкості читання. Однак його стрічка для консультантів з профорієнтації не була зустрінута з ентузіазмом, оскільки він сам не був консультантом і не мав досвіду в цій роботі.

КЛЮЧОВІ ПОНЯТТЯ

Праця та цінність праці

Чому ми працюємо? Етимологія слова «робота» відображає пов'язане з ним поняття тиску: якби я міг – іноді – вибирати собі роботу, я б не вибрав працювати. Однак цей імператив, на думку Гегеля (німецький філософ, 1770-1831), є саме тим, що робить нас людьми: праця звільняє завдяки подвійному перетворенню, яке вона спричиняє, а саме: по-перше, перетворенню природи, щоб вона відповідала нашим потребам; по-друге, перетворенню нашої людської природи, що відбувається після цього першого кроку. Маркс (німецький історик, філософ і економіст, 1818-1883) поділяє цю думку, стверджуючи, що людина олюднює природу, тим самим отримуючи доступ до власної людської сутності.

Цінність праці та робітника ми знаходимо в пропаганді стахановщини – у згадці про Олексія Стаханова (1906-1977), російського шахтаря, який побив рекорди продуктивності, або у словах «Arbeit macht frei» («Праця звільняє»), взятих з однойменної книги Лоренца Діфенбаха (німецький філолог і лексикограф, 1806-1883), в якій герої знаходять спокуту через працю.

Ця концепція праці як захисту від пороків існування також схожа на концепцію «*Кандіда*» (1759) Вольтера (французький письменник, 1694-1778), який представляє працю як спосіб уникнення нудьги, пороків і нужди.

Незважаючи на всі ці переваги, а також внесок у вигляді прав, заробітної плати, визнання, відчуття мети, соціальної інтеграції та захисту щодо майбутнього, робота також критикується Ніцше (німецький філософ, 1844-1900) як найкращий спосіб викорінення індивідуальності працівника, через його підкорення. На думку німецького мислителя, той, хто не має двох третин свого дня для себе, повинен вважатися рабом. Тут ми знаходимо різницю між дозвіллям і неробством, часом, витраченим на благо культури, краси, обміну і т.д., згідно з ідеями Кейнса (британський економіст, 1883-1946). Кейнс хотів, щоб утопічне бачення розвивалося протягом століття, коли економіка стане другорядною наукою, а разом з нею і нестримна гонитва за багатством і прибутковістю. У цьому кращому світі, до якого він прагнув, мистецтву і культурі відводилося важливе місце.

Що стосується вартості праці, то це означає розрахунок вартості продукту, виходячи з кількості праці (прямої та непрямої), необхідної для його виробництва.

У порівнянні з цими визначеннями, всупереч тому, що може здатися з назви книги, Тімоті Ферріс не виступає за скорочення робочого часу. Сам він зізнається, що назва була обрана передусім з маркетингових міркувань і не стільки для того, щоб заохочувати працювати менше, скільки для того, щоб працювати по-іншому.

Аутсорсинг

Для Феррісса це майже мантра: передавати на аутсорсинг те, що тебе обтяжує, або те, що інші можуть зробити краще і з меншими витратами. Для нього, очевидно, більш доречно, але й більш вигідно покладатися на свої якості, а слабкі місця передавати на аутсорсинг. Він ілюструє це прикладом: легше поставити одну десятку, ніж п'ять вісімок.

Принцип Парето

Принцип Парето є результатом спостережень італійського економіста Вільфредо Парето (1848-1923), згідно з якими 80% власності в Італії належить 20% населення. З цього випливає, що в ряді сфер 80% продукції (або результатів) виробляється за рахунок 20% ресурсів (або факторів виробництва). Цей принцип застосовний до багатьох сфер і дає краще розуміння управління пріоритетами: якщо 80% обороту компанії припадає на 20% клієнтів, вона повинна зосередитися на них. Втрачений клієнт, який нічого або майже нічого не приносить, в кінцевому рахунку, не важливий. Якщо 80% мого доходу приносять лише 20% моєї роботи, я повинен зосередитися на цих моментах – отже, решту я повинен віддати на аутсорсинг (або ліквідувати). Аналогічно, якщо 80% мого задоволення приносять 20% моїх дій, я також можу передати на аутсорсинг або відмовитися від тих, які в кінцевому підсумку приносять мені більше клопоту або ускладнень, ніж задоволення.

Хвороба Паркінсона

Закон Паркінсона описує своєрідний ефект снігової кулі, що застосовується до організації праці. За цим принципом час, що витрачається на виконання роботи, збільшується до того, що займає весь відведений на неї час. Ускладнення роботи відбувається за рахунок множення підзадач, що реалізуються для її виконання, з одного боку, а також за рахунок паралельного множення виконавців або співвиконавців.

Цей закон схожий на закон Феррісса, особливо щодо втрати «соціального» часу, часу, проведеного на зустрічах, відповідей на електронні листи, які повинні надсилатися «в режимі реального часу», та відсутності автономії у деяких працівників. Феррісс закликає нас протидіяти цьому закону шляхом застосування трьох принципів (усунути, раціоналізувати, передати на аутсорсинг). Також для боротьби з цим законом він наголошує на неодмінній точності умов будь-якої роботи, яку вимагають від інших: які саме завдання і в які терміни?

ВПЛИВ РОБОТИ

Хоча автор був невідомий широкому загалу до публікації *"4-годинного робочого тижня"*, ця книга стала бестселером після її виходу, за версією *New York Times*, *Wall Street Journal* та *Business Week*, головним чином завдяки активному просуванню її блогерами, з якими Тім Феррісс був пов'язаний, що принесло йому чимало нагород.

З моменту публікації своєї праці автор став вважатися своєрідним гуру. Важливість його особистості підкреслив вираз «Ефект Тіма Феррісса», *який запровадив* американський письменник Майкл Еллсберг (1977 р.н.) після того, як коментар до його книги, розміщений у блозі Феррісса, призвів, за його словами, до більшого збільшення продажів, ніж «стаття в *New York Times* і 3 хвилини на CNN». Без сумніву, він харизматичний. Його кар'єра і роздуми про свої бажання і можливості також слугують відправною точкою для його книги. Тому його підхід і рекомендації ґрунтуються на життєвих історіях, спочатку його, а потім інших людей.

КРИТИКА ЙОГО ПІДХОДУ

Хоча він ставить питання про раннє відчуття володіння або дії, одне з найбільш очевидних обмежень структури полягає у висуванні на перший план особистості та індивідуалізму підприємця, не претендуючи на будь-яку ідеологію. Це не питання соціальної або екологічної відповідальності; хоча ці підходи можуть втручатися, це пов'язано з характером підприємця, а не з характером підходу. Це далеко не "позитивне" визначення інвестора, як його подає Кейнс (він відрізняє інвестора від ануїтета).

Тому автор рекомендує продавати дорогі товари, орієнтуючись на обмежену клієнтуру заможних людей. На його думку, це має переваги: обмежена клієнтура означає моніторинг і менше навантаження; заможна клієнтура означає менше турбот про платежі; вища ціна продажу означає вищу маржу, що забезпечує готівку для подолання можливих невдач. Крім того, коли він говорить про високу маржу, він має на увазі ціну продажу, яка у 8-10 разів перевищує собівартість продукту!

Однак він базує свої рекомендації на музі, яка є ще більш ефективною, коли вона реалізується в економічному середовищі, де конкуренція є слабкою. Саме в такому середовищі він базує свій досвід роботи з речовинами, що підвищують продуктивність. Разом з тим, для низки продуктів або послуг така маржа може здатися неприйнятною. Для прикладу він посилається на статтю американського журналіста та письменника Ей Джей Джейкобса під назвою «Моє життя на аутсорсингу» (My Outsourced Life). Джейкобс працює переважно з дому і більшу частину своєї роботи, а саме документальні дослідження та написання узагальнюючих документів, віддає на аутсорсинг. А тепер уявіть, що бельгійський журналіст-фрілансер отримує брутто 1,09 фунта стерлінгів за рядок з 60 знаків. Стаття обсягом 1000-1200 знаків (близько двох сторінок формату A4) принесе йому 18-22 фунтів стерлінгів. Чи справді є для нього якась фінансова вигода в тому, щоб віддати цю роботу на аутсорсинг? Але ж у нього вже є ім'я, яке продає себе саме по собі.

Автора також підозрюють у заохоченні шахрайства, що знайшло своє відображення у його перемозі в Санді в 1999 році. У своїй книзі він також стверджує, що «всі правила можна обійти або порушити, не ставши при цьому шахраєм». Підкреслюючи цю рису, Феррісс не соромиться давати поради, які більше схожі на «студентські жарти», ніж на справжні рекомендації. Так, щоб уникнути втрати багажу, він радить американським мандрівникам класти у валізу пістолет без набоїв. При виявленні багажу він буде промаркований і на нього звертатиметься особлива увага служб безпеки, а отже, він не загубиться.

Ферріс також значною мірою покладається на безпосередність і одночасність. Це також одна з меж «вибіркового невігластва»: як бути з усіма знаннями, які ми отримуємо з інформації, яку чуємо, читаємо, бачимо і які стануть нам у нагоді лише пізніше, дійсно, співвіднісши з іншими? Чи не призводить його підхід до надмірної фрагментарності знань, коли кожна людина має набути мінімум знань, необхідних для її поточної діяльності? Тим часом, хитрощі, які він детально описує для того, щоб за чотири тижні стати експертом з будь-якого питання, заглиблюючись лише в окремі аспекти предмета, щоб мати можливість говорити про нього, замилюючи комусь очі, скоріше свідчать про марність, навіть незважаючи на те, що він закінчує уривок словами «подавати істину в її найкращому вигляді, а не вигадувати її з нуля – це правило гри».

Блог автора присвячений особистісному розвитку, чи то ментальній силі, чи то розширенню фізичних меж тіла, але в дуже драматичній формі, яку можна назвати майже інсценуванням. Так, один з найпопулярніших постів присвячений проблемі екстремального зневоднення (*"Як схуднути на 20-30 кілограмів за 5 днів: The Extreme Weight Cutting and Rehydration Secrets of UFC Fighters"*). Ще одна публікація показує автора в компанії одного з його читачів, який завдяки його порадам зміг перейти з виснажливої роботи на творчу (*"Whitney Cummings on Turning Pain into Creativity"*). У кожному розділі є посилання на аудіо- та відеофайли шоу Тіма Феррісса – подкасту інтерв'ю з успішними особистостями у своїй сфері.

Безумовно, нам завжди надаються конкретні презентації або життєвий досвід. Однак загальна робота залишається надзвичайно егоцентричною і самодостатньою, з відсутністю перспективи.

Зауважимо, що в Інтернеті книга не називається книгою з менеджменту чи економіки. Рецензії, незалежно від того, хвалебні вони чи критичні, часто більше зосереджені на особистості автора та маркетингу, ніж на економічних та теоретичних міркуваннях. На сайті *New York Times* стаття «Світ за Тімом Феррісом» знаходиться навіть у розділі «Мода і стиль»!

РОЗШИРЕННЯ ТА ПОДІБНІ ПІДХОДИ

Підхід Тімоті Феррісса є своєрідним оглядом різних тенденцій з особистого розвитку, а також менеджменту та аутсорсингу. У цьому сенсі книга об'єднує сучасні тенденції щодо персоналізованого коучингу.

При цьому, враховуючи, що Тім Ферріс не представлений як есеїст або теоретик – і це, ймовірно, не є його амбіцією

– він не стоїть за оригінальною теоретичною течією, яка б спиралася на метод, розроблений за його порадами. Тім Феррісс базує свою роботу на власному досвіді та на розповідях людей, які слідували його порадам. Тому це здебільшого «життєві історії», сприйняті за чисту монету, тобто без формальної теоретичної перспективи чи глибокого аналізу, який можна знайти в ширшій концепції особистісного розвитку. Його книга, безумовно, є бестселером і має велику кількість прихильників, особливо в Інтернеті, але не може говорити про реальний рух думки. Він мав успіх. Багато людей купили його книги. Багато хто також слідує його порадам. Він, безумовно, змінив життя деяких людей, для яких буде «до» і «після». Однак, за межами цього успіху, поки що не можна говорити про масштабну революцію, яка втілюється в життя.

У ДВОХ СЛОВАХ

- Досконалість: ґрунтуючись на власному досвіді, Тімоті Ферріс стверджує, що теоретично нереалістичних цілей легше досягти, ніж реалістичних. На вершині конкуренція низька, в той час як серед «середнячків» конкуренція жорстока. Він розвиває свої точки досконалості для досягнення цілей і навіть їх перевищення. Інші аспекти роботи, які не пов'язані з сильними сторонами або трансцендентністю, повинні бути передані на аутсорсинг.

- Аутсорсинг: важлива частина цього аутсорсингу здійснюється за допомогою нових технологій та використання автоматизованих завдань, що вивільняє час, а потім, після того, як концепція музи буде створена, це повинно призвести до автоматизованого доходу.

- Ближче до справи: щоб максимізувати час, витрачений на роботу, Тім Феррісс також рекомендує усунути додаткові слабкі місця, все, що забирає час і не приносить практично ніякої користі. Ігнорування інформації — це один з аспектів, як і максимальне обмеження кількості та тривалості зустрічей, відкладання відповідей на телефонні дзвінки чи електронні листи тощо. Коротше кажучи, він хоче повністю присвятити себе своїй роботі, яку він добре виконує, з якомога меншою кількістю обмежень.

- Концепція роботи: зрештою, концепція роботи змінюється. Автор рекомендує, по-перше, управляти ресурсами для того, що ми робимо добре, що ми передаємо на аутсорсинг і делегуємо, і, по-друге, оптимізувати і розширювати знання і навички. Деякі наші щоденні завдання вже не вважаються роботою – наприклад, давати інтерв'ю – тому що ця дія робиться для себе, без примусу.

ЧИТАТИ ДАЛІ

БІБЛІОГРАФІЯ

Бруні, Ф. (2012) «Індивідуалізм на межі». *New York Times*. [Онлайн]. [Доступно 15° лютого 2016]. Режим доступу: <http://www.nytimes.com/2012/07/17/opinion/bruni-individualism-in-overdrive.html>.

Феррісс, Т. *4-годинний робочий тиждень*. [Блог]. Режим доступу: <http://fourhourworkweek.com/>.

Феррісс, Т. (2013) Як скинути 20-30 фунтів за 5 днів: Секрети екстремального зниження ваги і регідратації бійців UFC. *The 4-Hour Workweek*. [Онлайн]. [Доступно 15° лютого 2016]. Доступно з: <http://fourhourworkweek.com/2013/05/06/how-to-cut-weight-ufc/>.

Феррісс, Т. (2007) *4-годинний робочий тиждень. Втеча від 9-5, життя будь-де та приєднання до нових багатіїв.* США: Crown Publishing.

Феррісс, Т. (2015) Вітні Каммінгс про перетворення болю на творчість. *4-годинний робочий тиждень.* [Онлайн]. [Доступно 15° лютого 2016]. Режим доступу: <http://fourhourworkweek.com/2015/06/26/whitney-cummings/>.

Roland, O. (Без дати) Interview de Tim Ferriss : la vérité sur La semaine de 4 heures. *Blogueur pro.* [Онлайн]. [Accessed 15° лютого 2016]. Режим доступу: <http://blogueur-pro.com/tim-ferris>.

Розенблум, С. (2011) Світ за Тімом Феррісом. *New York Times*. [Онлайн]. [Доступно 15° лютого 2016]. Режим доступу: <http://www.nytimes.com/2011/03/27/fashion/27Ferris.html>.

ДОДАТКОВІ ДЖЕРЕЛА

Бакан, Ж. (2005) *Корпорація. Патологічна гонитва за прибутком і владою*. Нью-Йорк: Вільна преса.

ХУДОЖНІ ТА ДОКУМЕНТАЛЬНІ ФІЛЬМИ

Корпорація. (2003) [Документальний фільм]. Дженніфер Ебботт і Марк Ачбар. Режисери. Канада: Zeitgeist Films.

Ми хочемо почути вас!
Залишайте коментарі в онлайн-бібліотеці
та діліться улюбленими книгами в соціальних мережах!

Видавець забезпечує достовірність опублікованої інформації,
за яку, однак, не несе відповідальності.

Майстер ISBN: 9782808601320
Паперовий ISBN: 9782808602778
Юридичний депозит: D/2022/12603/278

Цифровий дизайн: Primento,
цифровий партнер видавництва.